Impressum
Verlag: BABADADA GmbH, Nedderfeld 112 , 22529 Hamburg
Geschäftsführer / Verlagsleitung: Harald Hof
Druck: Books on Demand GmbH, In de Tarpen 42, 22848 Norderstedt

Imprint
Publisher: BABADADA GmbH, Nedderfeld 112 , 22529 Hamburg, Germany
Managing Director / Publishing direction: Harald Hof
Print: Books on Demand GmbH, In de Tarpen 42, 22848 Norderstedt, Germany

Szkoła

škola

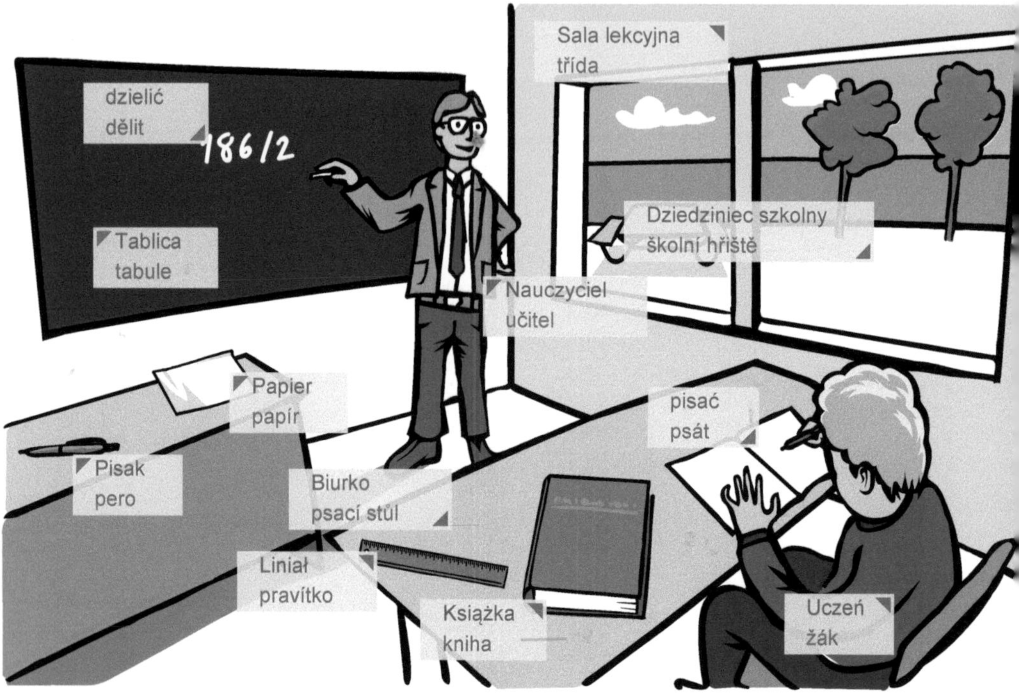

Sala lekcyjna
třída
dzielić
dělit
186/2
Tablica
tabule
Dziedziniec szkolny
školní hřiště
Nauczyciel
učitel
Papier
papír
pisać
psát
Pisak
pero
Biurko
psací stůl
Liniał
pravítko
Książka
kniha
Uczeń
žák

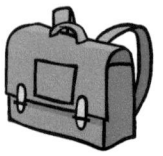

Plecak szkolny

aktovka

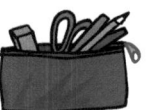

Piórnik

penál

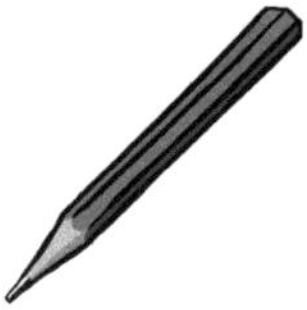

Ołówek

tužka

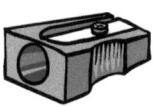

Temperówka

ořezávátko

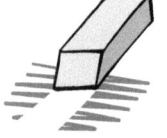

Gumka do mazania

guma

Blok rysunkowy

blok na kreslení

Rysunek

výkres

Pędzel

štětec

Pudełko z akwarelami

malířské potřeby

Nożyce

nůžky

Klej

lepidlo

Książka do ćwiczenia

cvičebnice

Zadanie domowe

domácí úkol

Liczba

počet

dodawać

sčítat

odejmować

odčítat

mnożyć

násobit

liczyć

počítat

Litera

písmeno

Alfabet

abeceda

Słowo

slovo

Tekst

text

czytać

číst

Kreda

křída

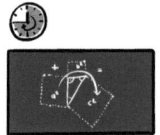

Godzina

hodina

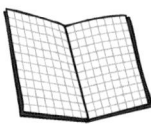

Dziennik lekcyjny

třídní kniha

Egzamin

zkouška

Świadectwo

vysvědčení

Mundurek szkolny

školní uniforma

Wykształcenie

vzdělání

Leksykon

encyklopedie

Uniwersytet

univerzita

Mikroskop

mikroskop

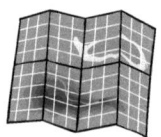

Mapa

karta

Kosz na odpadki

odpadkový koš na papír

Hotel
hotel

Schronisko
ubytovna

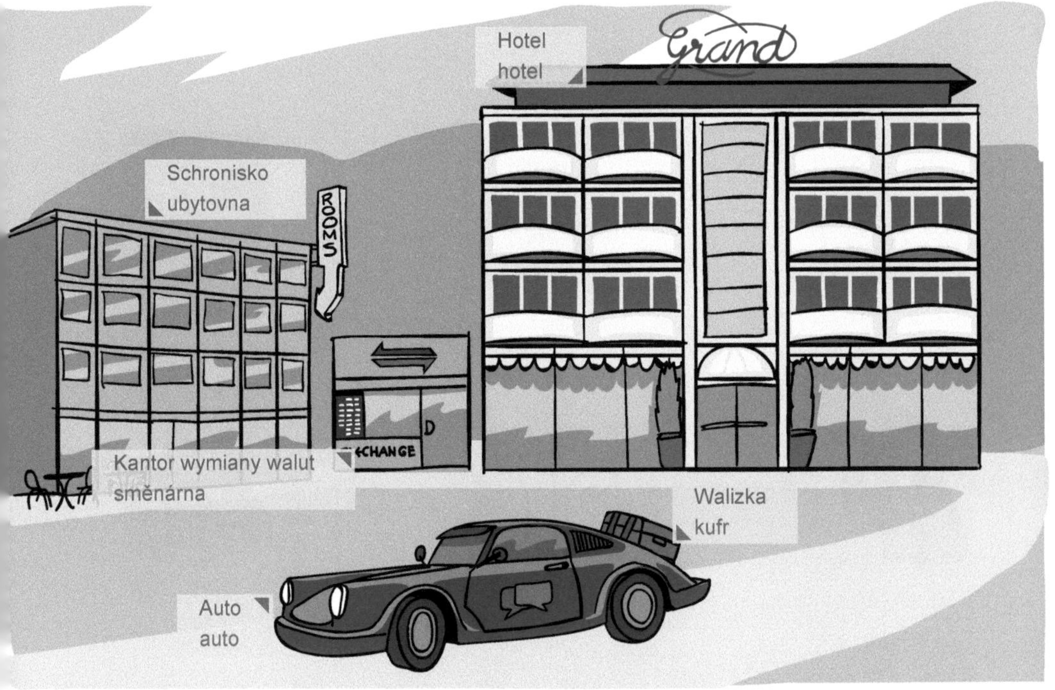

Kantor wymiany walut
směnárna

Walizka
kufr

Auto
auto

		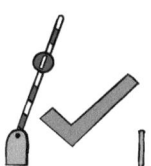
Język	tak / nie	OK
jazyk	ano / ne	oukej

Halo	Tłumacz	Dziękuję
Ahoj!	překladatel	děkuji

Ile kosztuje ...?

Kolik stojí...?

Nie rozumiem

nerozumím

Problem

problém

Dobry wieczór!

Dobrý večer!

Dzień dobry!

Dobré ráno!

Dobranoc!

Dobrou noc!

Do widzenia

na shledanou

Kierunek

směr

Bagaż

zavazadlo

Torba

taška

Plecak

batoh

Gość

host

Pokój

pokoj

Śpiwór

spací pytel

Namiot

stan

Informacja turystyczna

turistické informace

Plaża

pláž

Karta kredytowa

kreditní karta

Śniadanie

snídaně

Obiad

oběd

Kolacja

večeře

Bilet

jízdenka

Winda

výtah

Znaczek na list

poštovní známka

Granica

hranice

Cło

clo

Ambasada

poselství

Wiza

vízum

Paszport

pas

Transport
transport

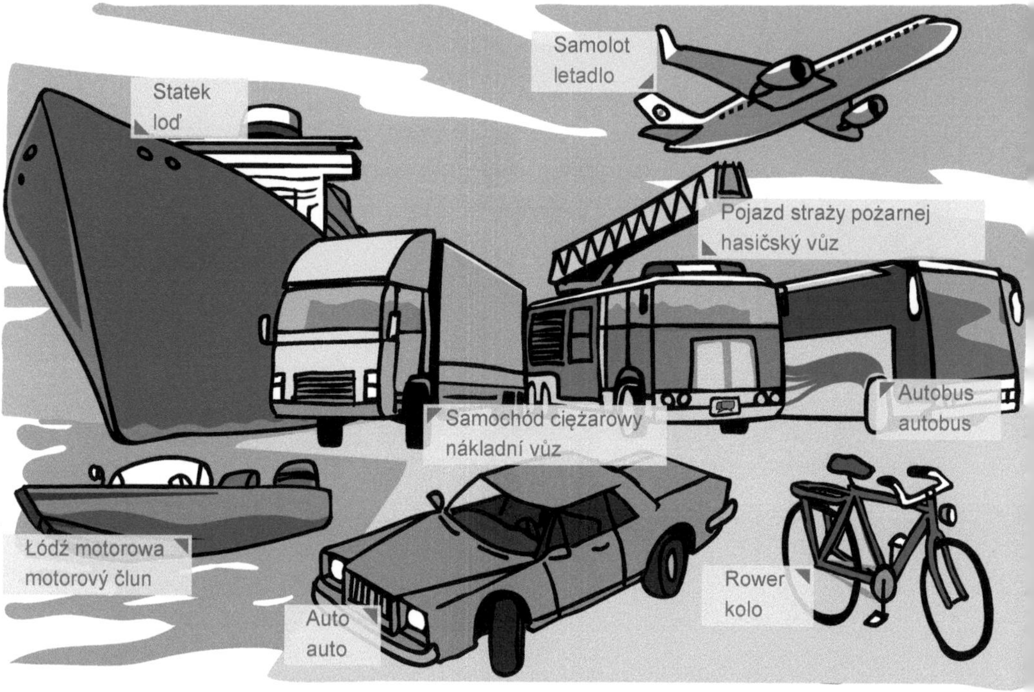
Samolot
letadlo
Statek
loď
Pojazd straży pożarnej
hasičský vůz
Autobus
autobus
Samochód ciężarowy
nákladní vůz
Łódź motorowa
motorový člun
Rower
kolo
Auto
auto

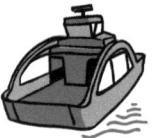

Prom

přívoz

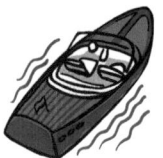

Łódź

člun

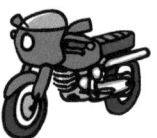

Motocykl

motorka

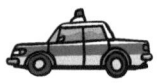

Radiowóz policyjny

policejní auto

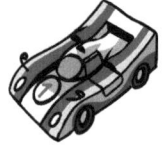

Samochód wyścigowy

závodní auto

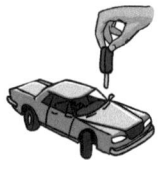

Samochód wypożyczony

pronajaté auto

Wspólne przejazdy
samochodem
sdílení aut

Samochód pomocy
drogowej
odtahová služba

Śmieciarka
popelářský vůz

Silnik
motor

Benzyna
palivo

Stacja benzynowa
čerpací stanice

Znak drogowy
dopravní značka

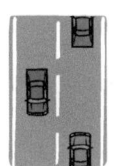

Ruch
doprava

Korek
dopravní zácpa

Parking
parkoviště

Dworzec
vlakové nádraží

Szyny
koleje

Pociąg
vlak

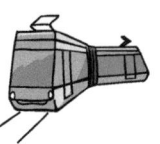

Tramwaj
tramvaj

Wagon
vagón

Helikopter

helikoptéra

Lotnisko

letiště

Wieża

věž

Pasażer

pasažér

Kontener

kontejner

Karton

kartón

Taczka

trakař

Kosz

koš

startować / lądować

vzlétnout / přistát

Miasto
město

Wieś

vesnice

Centrum miasta

střed města

Dom

dům

Park

park

Ławka

lavička

Most

most

Schody

schody

Metro

metro

Tunel

tunel

Przystanek autobusowy

autobusová zastávka

Bar

bar

Restauracja

restaurace

Skrzynka na listy

poštovní schránka

Tabliczka z nazwą ulicy

pouliční tabule

Parkometr

parkovací hodiny

Zoo

zoo

Łaźnia

plovárna

Meczet

mešita

Gospodarstwo chłopskie

usedlost

Zanieczyszczenie środowiska
znečišťování životního prostředí

Cmentarz

hřbitov

Kościół

církev

Plac zabaw

hřiště

Świątynia

chrám

Krajobraz
krajina

Liść
list

Drogowskaz
rozcestník

Droga
cesta

Łąka
louka

Kamień
kámen

Drzewo
strom

Wędrowiec
turista

Rzeka
řeka

Trawa
tráva

Kwiat
květina

Dolina

údolí

Góra

hora

Jezioro

jezero

Las

les

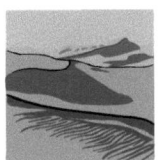

Pustynia

poušť

Wulkan

sopka

Zamek

zámek

Tęcza

duha

Grzyb

houba

Palma

palma

Komar

komár

Mucha

moucha

Mrówka

mravenec

Pszczoła

včela

Pająk

pavouk

Krajobraz - krajina

15

Chrząszcz

brouk

Żaba

žába

Wiewiórka

veverka

Jeż

jeżek

Zając

zajíc

Sowa

sova

Ptak

pták

Łabędź

labuť

Dzik

divoké prase

Jeleń

jelen

Łoś

los

Tama

přehrada

Wiatrak

wětrné kolo

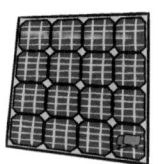

Moduł solarny

solární panel

Klimat

podnebí

Restauracja
restaurace

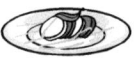

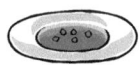

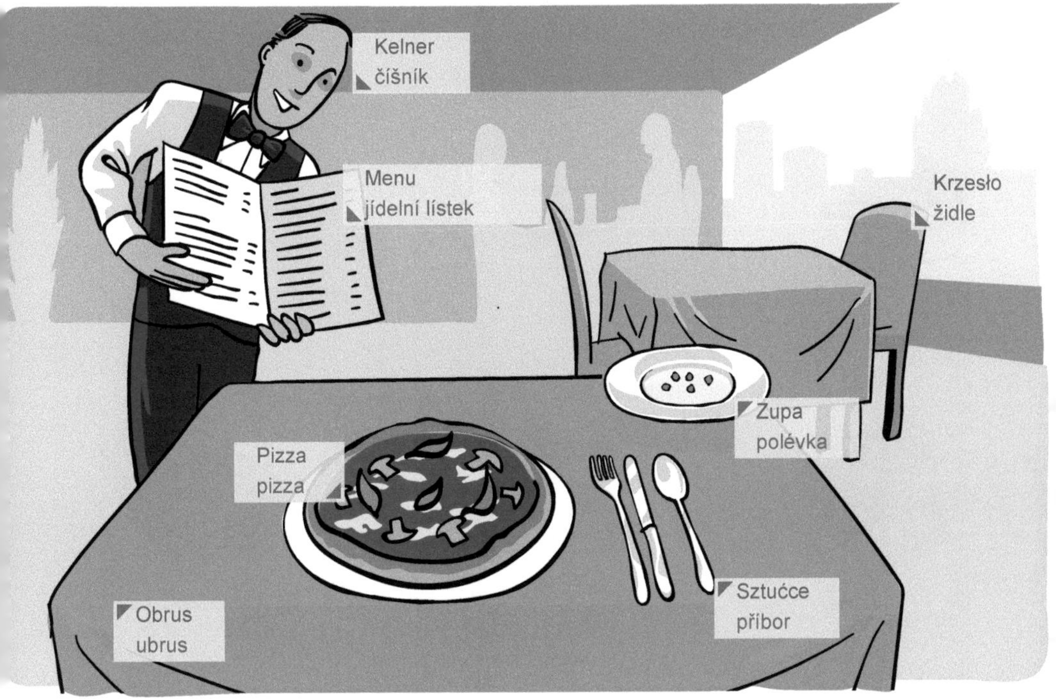
Kelner
číšník
Menu
jídelní lístek
Krzesło
židle
Zupa
polévka
Pizza
pizza
Sztućce
příbor
Obrus
ubrus

Przystawka

předkrm

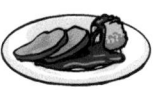

Danie główne

hlavní chod

Deser

dezert

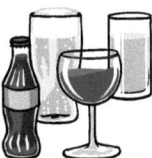

Napoje

nápoje

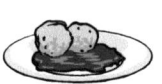

Jedzenie

jídlo

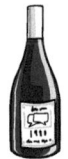

Butelka

láhev

Fastfood

rychlé občerstvení

Streetfood

pouliční občerstvení

Dzbanek na herbatę

čajová konvice

Cukierniczka

cukřenka

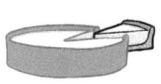

Porcja

porce

Zaparzarka do espresso

kávovar na espresso

Krzesło dla dziecka

dětská stolička

Rachunek

faktura

Taca

tác

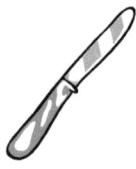

Nóż

nůž

Widelec

vidlička

Łyżka

lžíce

Łyżeczka

čajová lyžička

Serwetka

ubrousek

Szklanka

sklenička

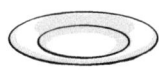

Talerz

talíř

Talerz do zupy

talíř na polévku

Podstawek pod filiżankę

podšálek

Sos

omáčka

Solniczka

slánka

Młynek do pieprzu

mlýnek na pepř

Ocet

ocet

Olej

olej

Przyprawy

koření

Keczup

kečup

Musztarda

hořčice

Majonez

majonéza

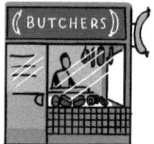

Supermarket
supermarket

Oferta
nabídka
FOR
Klient
zákazník
Produkty mleczne
mléčné výrobky
Wózek sklepowy
nákupní vozík
Owoce
ovoce

BUTCHERS

Rzeźnia
....
masna

BAKERY

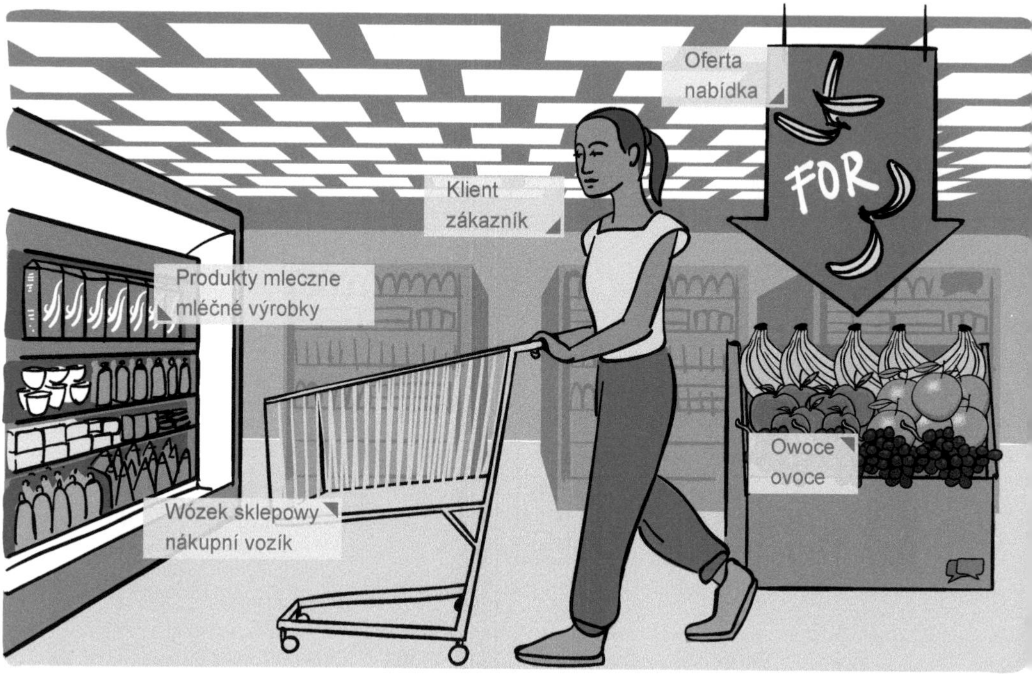

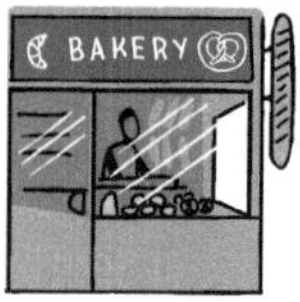

Piekarnia
....
pekařství

ważyć
....
vážit

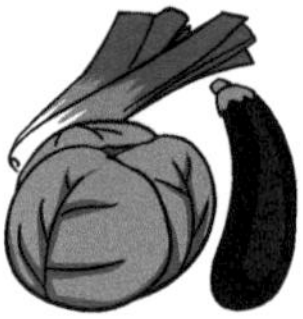

Warzywa
....
zelenina

Mięso
....
maso

Mrożonki
....
mražené potraviny

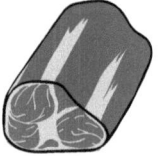

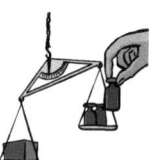

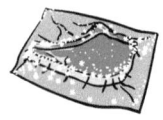

Wędliny

obložený talíř

Konserwy

konzervy

Proszek m do prania

prací prášek

Słodycze

cukrovinky

Artykuły użytku domowego

výrobky pro domácnost

Środek czyszczący

čisticí prostředek

Sprzedawczyni

prodavačka

Kasa

pokladna

Kasjer

pokladní

Lista zakupów

nákupní seznam

Godziny otwarcia

otevírací doba

Portfel

peněženka

Karta kredytowa

kreditní karta

Torba

taška

Torebka plastikowa

igelitová taška

Woda

voda

Sok

džus

Mleko

mléko

Cola

kola

Wino

víno

Piwo

pivo

Alkohol

alkohol

Kakao

kakao

Herbata

čaj

Kawa

káva

Espresso

espresso

Cappuccino

kapučíno

Banan

banán

Jabłko

jablko

Pomarańcza

pomeranč

Arbuz

meloun

Cytryna

citrón

Marchew

mrkev

Czosnek

česnek

Bambus

bambus

Cebula

cibule

Grzyb

houba

Orzechy

ořechy

Makaron

těstoviny

Spaghetti

špageti

Ryż

rýže

Sałatka

salát

Frytki

hranolky

Ziemniaki pieczone

americké brambory

Pizza

pizza

Hamburger

hamburger

Kanapka

sendvič

Sznycel

řízek

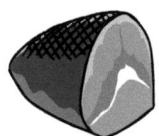

Szynka

šunka

Salami

salám

Kiełbasa

salám

Kura

kuře

Pieczeń

pečeně

Ryba

ryby

24   Jedzenie - jídlo

Płatki owsiane

ovesné vločky

Musli

müsli

Płatki kukurydziane

vločky

Mąka

mouka

Croissant

croissant

Bułka

houska

Chleb

chléb

Toast

toast

Ciastka

sušenky

Masło

máslo

Twarożek

tvaroh

Ciasto

buchta

Jajko

vejce

Jajko sadzone

volské oko

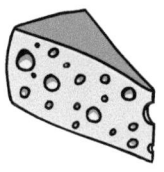

Ser

sýr

Lody

zmrzlina

Cukier

cukr

Miód

med

Marmolada

marmeláda

Krem nugatowy

nugátový krém

Curry

kari

Gospodarstwo chłopskie
usedlost

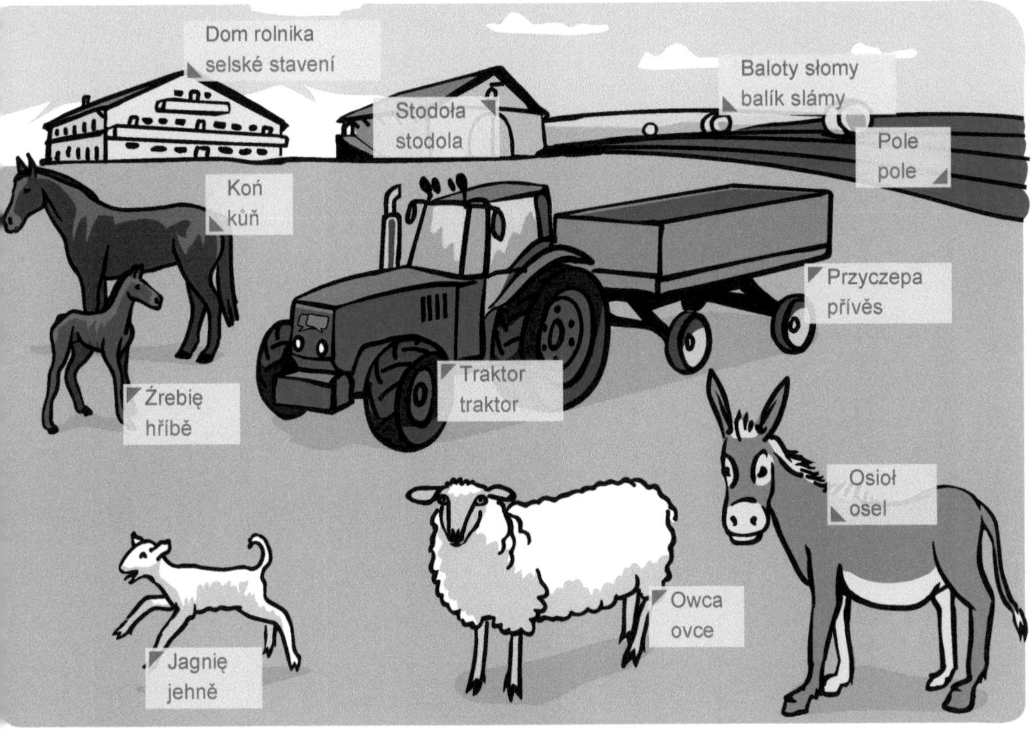
Dom rolnika
selské stavení
Stodoła
stodola
Baloty słomy
balík slámy
Pole
pole
Koń
kůň
Przyczepa
přívěs
Traktor
traktor
Źrebię
hříbě
Osioł
osel
Owca
ovce
Jagnię
jehně

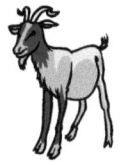

Koza
koza

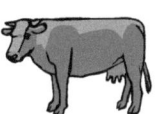

Krowa
kráva

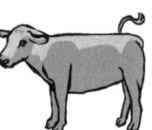

Cielę
tele

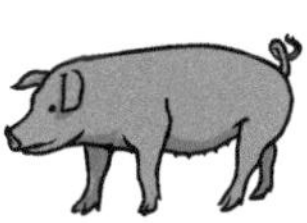

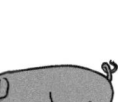

Świnia
prase

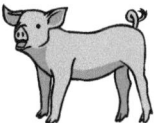

Prosię
sele

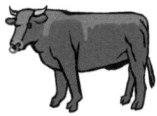

Byk
býk

Gęś

husa

Kaczka

kachna

Kurczątko

kuře

Kura

slepice

Kogut

kohout

Szczur

krysa

Kot

kočka

Mysz

myš

Osioł

vůl

Pies

pes

Buda dla psa

psí bouda

Wąż ogrodowy

zahradní hadice

Konewka

kropicí konev

Kosa

kosa

Pług

pluh

Sierp

srp

Graca

motyka

Widły

vidle

Siekiera

sekera

Taczka

kolecko

Koryto

koryto

Kanka na mleko

konev na mléko

Worek

pytel

Płot

plot

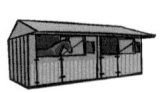

Stajnia

stáj

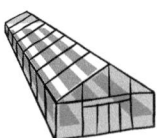

Szklarnia

skleník

Ziemia

půda

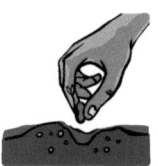

Nasiona

osivo

Nawóz

hnojivo

Kombajn zbożowy

kombajn

zbierać
....
sklidit

Żniwa
....
sklizeň

Podchrzyn
....
smldinec

Pszenica
....
pšenice

Soja
....
sója

Ziemniak
....
brambora

Kukurydza
....
kukuřice

Rzepak
....
řepka

Drzewo owocowe
....
ovocný strom

Maniok
....
maniok

Zboże
....
obilí

Komin
komín

Dach
střecha

Rynna deszczowa
okap

Okno
okno

Garaż
garáž

Dzwonek
zvonek

Drzwi
dveře

Wiaderko na śmieci
popelnice

Skrzynka na listy
dopisní schránka

Ogród
zahrada

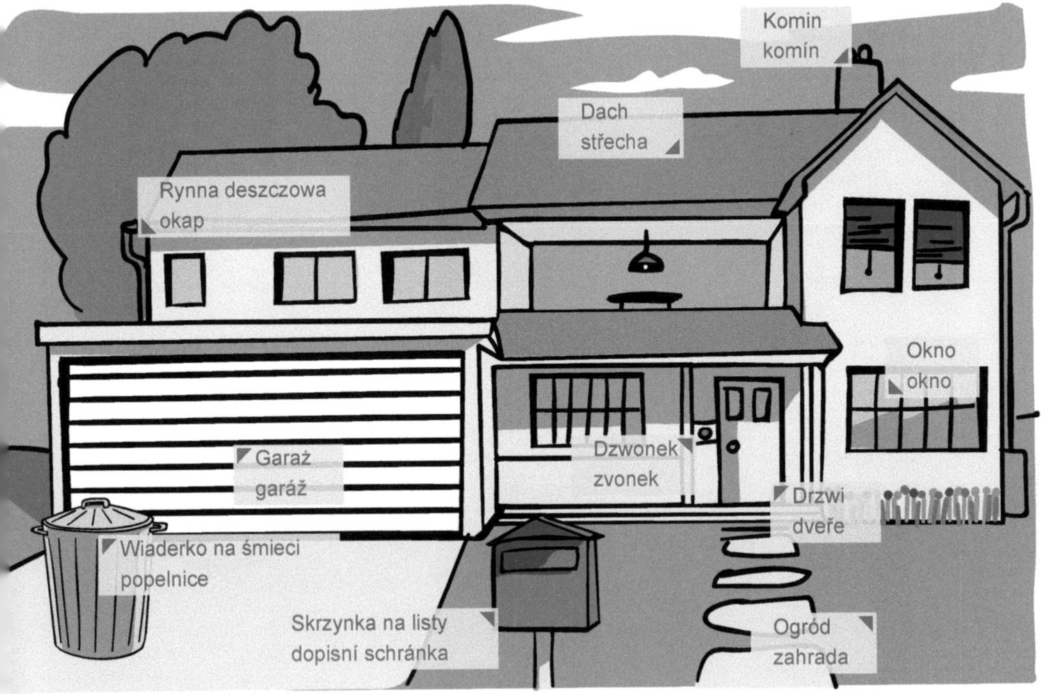

Pokój dzienny

obývací pokoj

Łazienka

koupelna

Kuchnia

kuchyně

Sypialnia

ložnice

Pokój dziecięcy

dětský pokoj

Jadalnia

jídelna

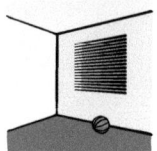

Ziemia

podlaha

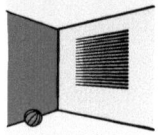

Ściana

zeď

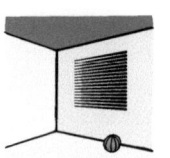

Koc

deka

Piwnica

sklep

Sauna

sauna

Balkon

balkón

Taras

terasa

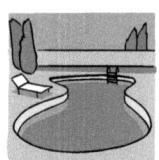

Basen

bazén

Kosiarka do trawy

sekačka na trávu

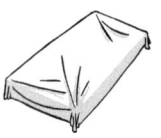

Poszwa

ložní prádlo

Kołdra

lůžková přikrývka

Łóżko

postel

Miotła

smeták

Wiadro

kýbl

Włącznik

vypínač

Pokój dzienny
obývací pokoj

Tapeta
tapeta
Obraz
obrázek
Lampa
žárovka
Regał
police
Szafa
skříň
Telewizor
televizor
Komin
komín
Kwiat
květina
Poduszka
polštář
Kanapa
gauč
Wazon
váza
Pilot
dálkový ovladač

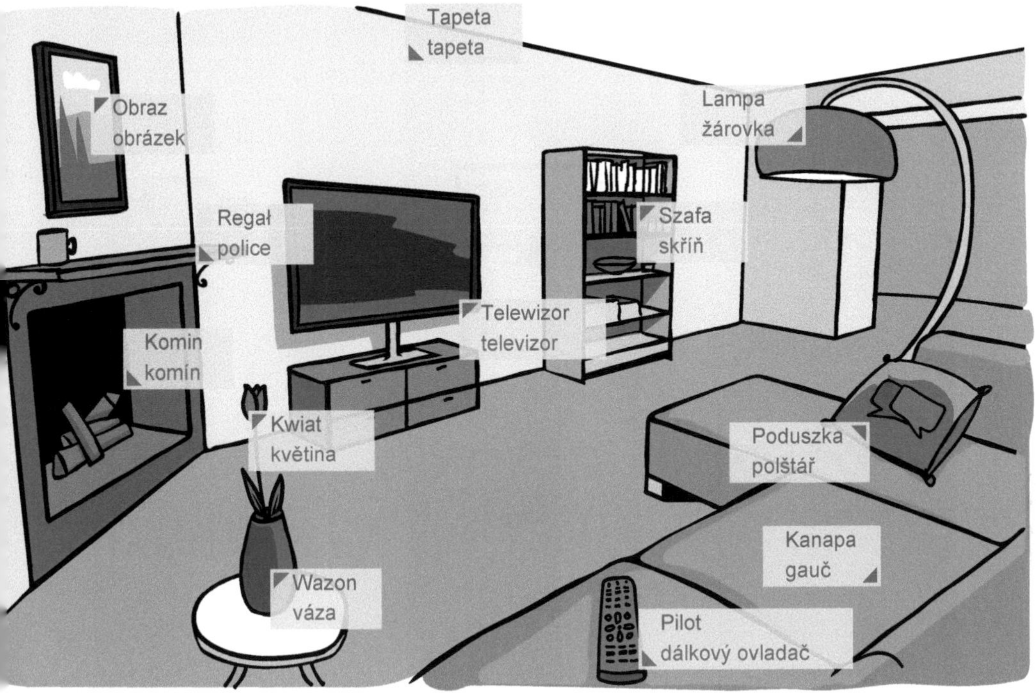

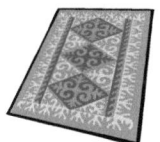

Dywan
koberec

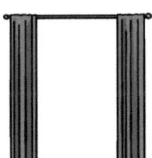

Zasłona
závěs

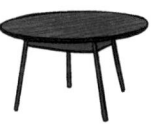

Stół
stůl

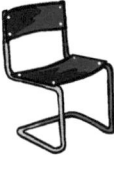

Krzesło
židle

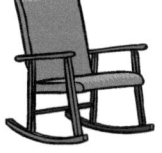

Bujak
houpací křeslo

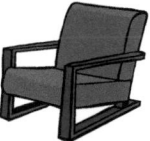

Fotel
křeslo

Książka

kniha

Sufit

strop

Dekoracja

ozdoba

Drewno kominkowe

palivové dříví

Film

film

Instalacja stereo

stereo souprava

Klucz

klíč

Gazeta

noviny

Malunek

malba

Plakat

plakát

Radio

rádio

Notatnik

poznámkový blok

Odkurzacz

vysavač

Kaktus

kaktus

Świeczka

svíce

Kuchnia
kuchyně

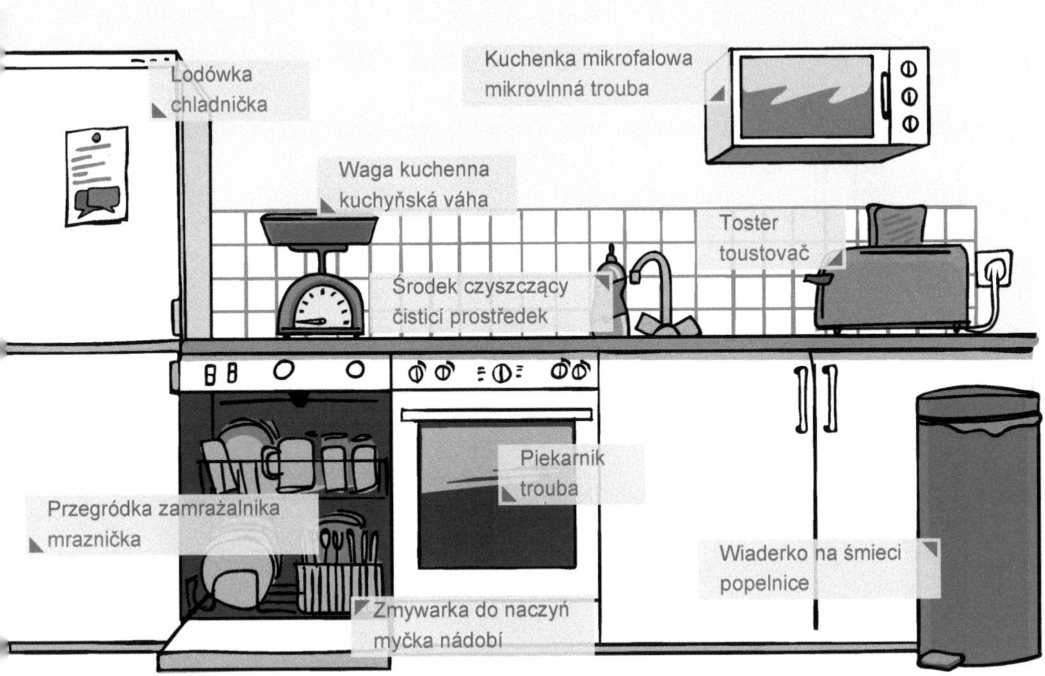

Lodówka
chladnička
Kuchenka mikrofalowa
mikrovlnná trouba
Waga kuchenna
kuchyňská váha
Toster
toustovač
Środek czyszczący
čisticí prostředek
Piekarnik
trouba
Przegródka zamrażalnika
mraznička
Wiaderko na śmieci
popelnice
Zmywarka do naczyń
myčka nádobí

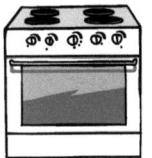

Kuchenka

sporák

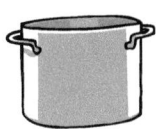

Garnek

hrnec

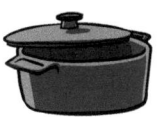

Kocioł żeliwny

litinový hrnec

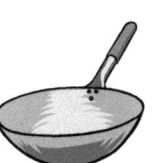

Wok / Kadai

wok / kadai

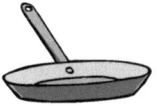

Patelnia

pánev

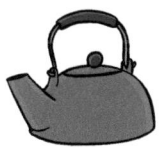

Czajnik

varná konvice

Parowar

parní hrnec

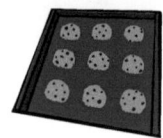

Blacha do pieczenia

plech na pečení

Naczynia kuchenne

nádobí

Kubek

hrnek

Miska

miska

Pałeczki

jídelní hůlky

Nabierka

naběračka

Łopatka do smażenia

obracečka

Trzepaczka do śmietany

metla

Cedzak

síto

Sitko

cedník

Tarka

struhadlo

Moździerz

hmoždíř

Grillowanie

gril

Palenisko

ohniště

Deska

prkénko na krájení

Wałek do ciasta

váleček na těsto

Korkociąg

vývrtka

Puszka

dóza

Otwieracz do puszek

otvírák na konzervy

Ściereczka do trzymania garnka

chňapka

Umywalka

umyvadlo

Szczotka

kartáč na nádobí

Gąbka

houba

Mikser

mixér

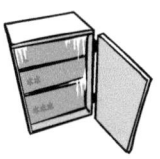

Zamrażarka

mrazák

Butelka dla niemowlęcia

dětská lahev

Kran

kohoutek

Łazienka
koupelna

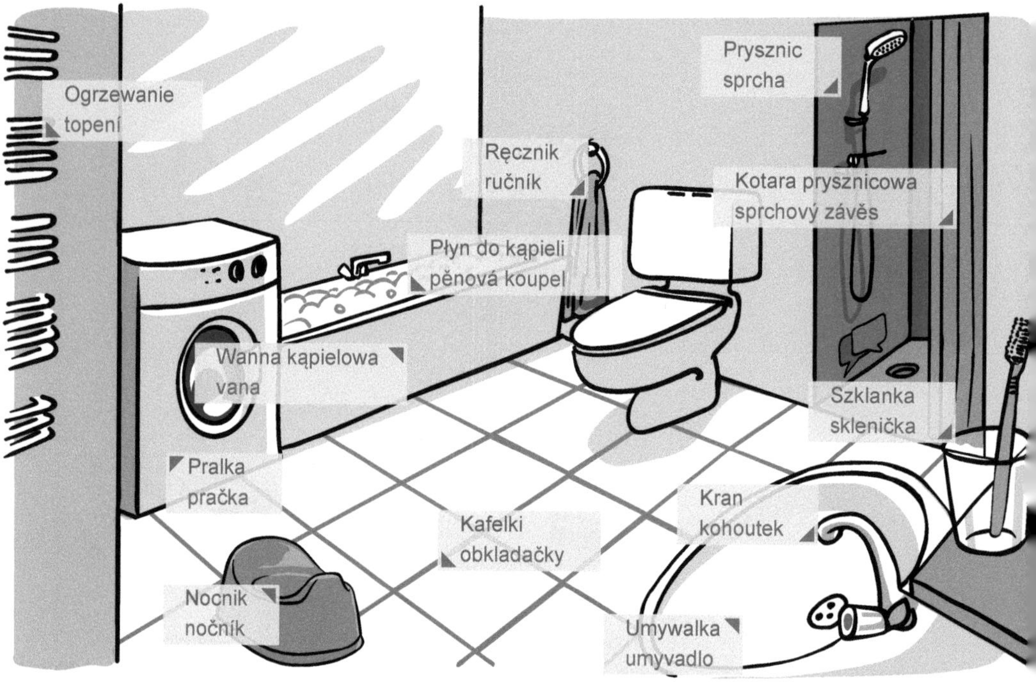

Prysznic
sprcha

Ogrzewanie
topeni

Ręcznik
ručník

Kotara prysznicowa
sprchový závěs

Płyn do kąpieli
pěnová koupel

Wanna kąpielowa
vana

Szklanka
sklenička

Pralka
pračka

Kafelki
obkladačky

Kran
kohoutek

Nocnik
nočník

Umywalka
umyvadlo

Toaleta

záchod

Toaleta kuczna

turecký záchod

Bidet

bidet

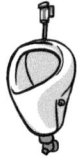

Pisuar

pisoár

Papier toaletowy

toaletní papír

Szczotka toaletowa

záchodová štětka

Szczoteczka do zębów

zubní kartáček

Pasta do zębów

zubní pasta

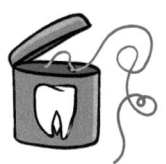

Nitki do czyszczenia zębów

zubní niť

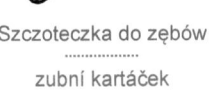

myć

mýt

Głowica prysznicowa

ruční sprcha

Płyn kąpielowy do higieny intymnej

intimní sprcha

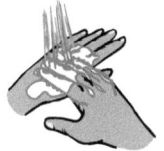

Miska do mycia

umyvadlo

Szczotka kąpielowa

kartáč na záda

Mydło

mýdlo

Żel prysznicowy

sprchový gel

Szampon

šampón

Rękawica kąpielowa

žínka

Odpływ

odpad

Krem

krém

Dezodorant

deodorant

Lustro
zrcadlo

Lustro kosmetyczne
kosmetické zrcátko

Golarka
holicí strojek

Pianka do golenia
pěna na holení

Woda po goleniu
voda po holení

Grzebień
hřeben

Szczotka
kartáč

Suszarka do włosów
fén

Spray do włosów
lak na vlasy

Makijaż
makeup

Pomadka
rtěnka

Lakier do paznokci
lak na nehty

Wata
vata

Nożyczki do paznokci
nůžky na nehty

Perfum
parfém

Kosmetyczka
taška s toaletními potřebami

Taboret
stolička

Waga
váha

Szlafrok kąpielowy
župan

Rękawice gumowe
gumové rukavice

Tampon
tampón

Podpaska damska
dámská vložka

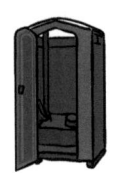

Toaleta chemiczna
chemická toaleta

Pokój dziecięcy
dětský pokoj

Budzik
budík
Pluszowa przytulanka
plyšová hračka
Samochodzik
autíčko
Grzechotka
chrastítko
Domek dla lalek
domeček pro panenky
Prezent
dárek

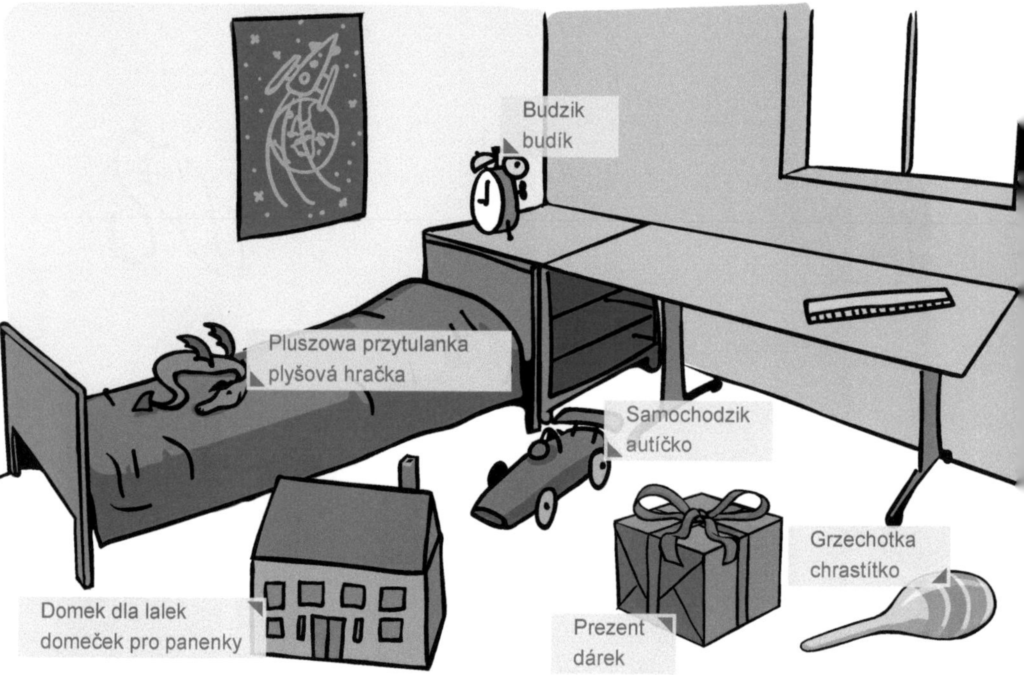

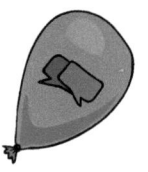

Balon
balón

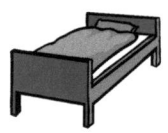

Łóżko
postel

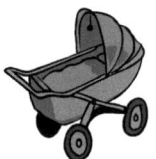

Wózek dziecięcy
kočárek

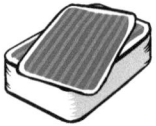

Gra w karty
balíček karet

Puzzle
puzzle

SUPER
MEGA

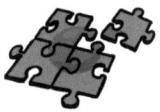

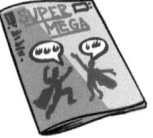

Komiks
komiks

Klocki lego

lego kostky

Klocki

stavebnice

Action figura

akční figurka

Śpioszek dziecięcy

dupačky

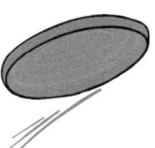

Frisbee

frisbee

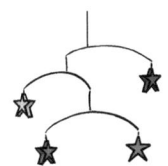

Zabawki ruchome

závěsné hračky nad postýlku

Gra planszowa

desková hra

Kości

kostky

Kolejka elektryczna

modelová železnice

Smoczek

dudlík

Przyjęcie

oslava

Książka z ilustracjami

obrázková kniha

Piłka

míč

Lalka

panenka

bawić się

hrát si

Piaskownica

pískoviště

Huśtawka

houpačka

Zabawki

hračky

Konsola do gier

hrací konzole

Rowerek trójkołowy

tříkolka

Pluszowy miś

medvídek

Szafa ubraniowa

šatník

Ubiór

oblečení

Skarpety

ponožky

Pończochy

punčochy

Rajstopy

punčochové kalhoty

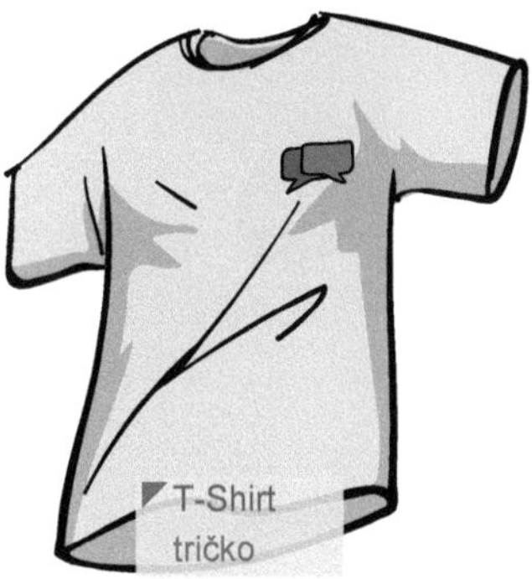

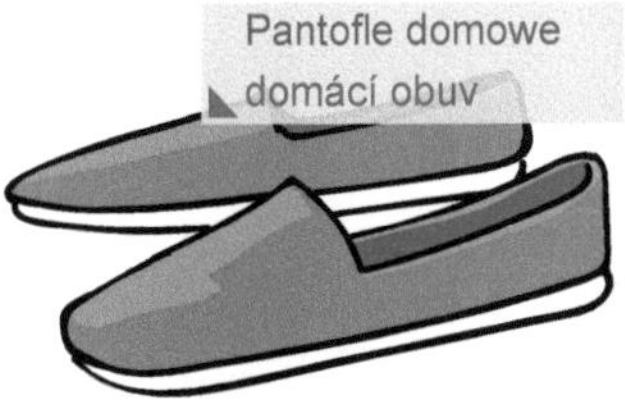

Szal
šála

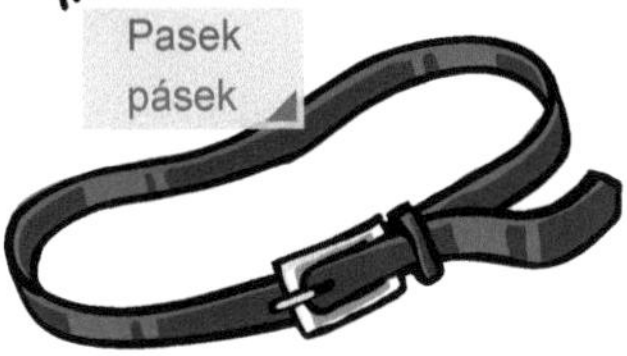

Parasol
deštník

T-Shirt
tričko

Pasek
pásek

Kozaki
kozačky

Pantofle domowe
domácí obuv

Obuwie sportowe
tenisky

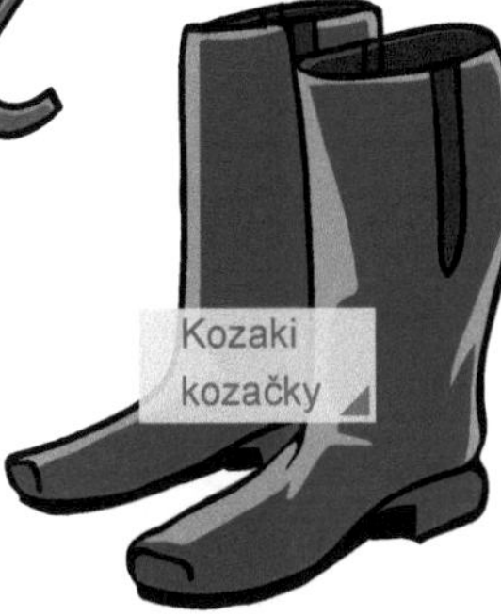

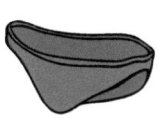

Sandały
....
sandály

Buty
....
obuv

Kalosze
....
holínky

Majtki
....
spodní prádlo

Biustonosz
....
podprsenka

Podkoszulek
....
nátělník

Ubiór - oblečení

45

Body

body

Spodnie

kalhoty

Dżins

džíny

Spódnica

suknĕ

Bluzka

blůza

Koszula

košile

Pulower

svetr

Bluza sportowa

mikina

Marynarka

blejzr

Kurtka

bunda

Płaszcz

kabát

Płaszcz przeciwdeszczowy

pláštĕnka

Kostium

kostým

Sukienka

šaty

Suknia ślubna

svatební šaty

Garnitur męski

oblek

Koszula nocna

noční košile

Piżama

pyžamo

Sari

sárí

Chusta na głowę

šátek na hlavu

Turban

turban

Burka

burka

Kaftan

kaftan

Abaya

abája

Strój kąpielowy

plavky

Kąpielówki

pánské plavky

Krótkie spodnie

kraťasy

Dres sportowy

teplákova souprava

Fartuch

zástěra

Rękawiczki

rukavice

Guzik

knoflík

Okulary

brýle

Bransoletka

náramek

Łańcuszek

náhrdelník

Pierścionek

prsten

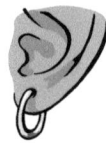

Kolczyk

náušnice

Czapka

čepice

Wieszak

ramínko

Kapelusz

klobouk

Krawat

kravata

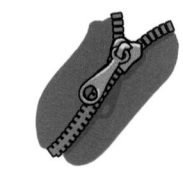

Zamek błyskawiczny

zip

Kask

helma

Szelki

kšandy

Mundurek szkolny

školní uniforma

Mundur

uniforma

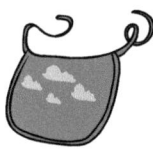

Śliniaczek

bryndák

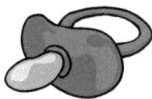

Smoczek

dudlík

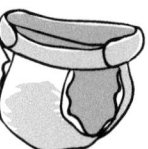

Pieluszka

plena

Biuro
kancelář

Serwer
server
Szafa na akta
kartotéka
Drukarka
tiskárna
Papier
papír
Monitor
monitor
Mysz
myš
Biurko
psací stůl
Segregator
šanon
Klawiatura
klávesnice
Kosz na odpadki
odpadkový koš na papír
Komputer
počítač
Krzesło
židle

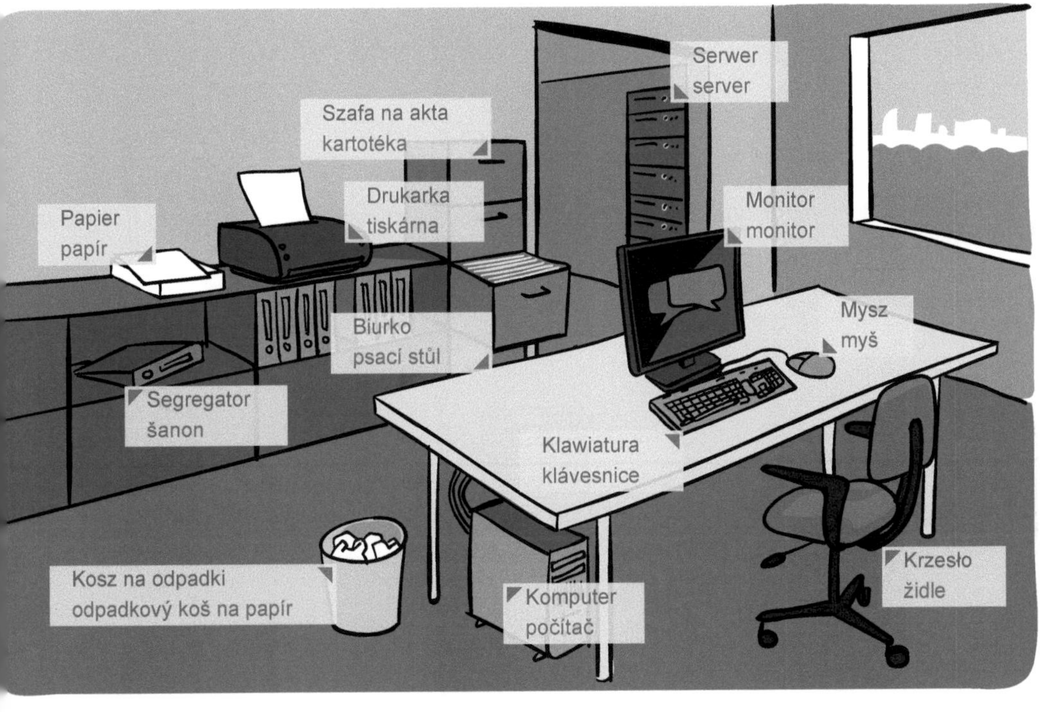

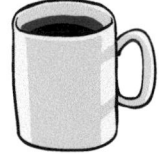

Filiżanka do kawy

hrnek na kávu

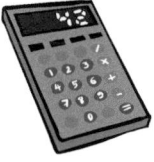

Kalkulator

kalkulačka

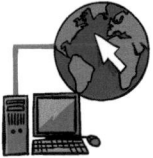

Internet

internet

Laptop

notebook

List

dopis

Wiadomość

zpráva

Komórka

mobil

Sieć

síť

Kopiarka

kopírka

Oprogramowanie

software

Telefon

telefon

Gniazdko

zásuvka

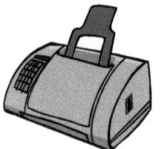

Faks

fax

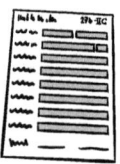

Formularz

formulář

Dokument

dokument

kupić
....
nakupovat

płacić
....
zaplatit

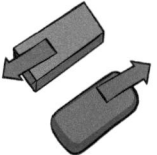

postępować
....
jednat

Pieniądze
....
peníze

USD

Dolar
....
dolar

EUR

Euro
....
euro

JPY

Jen
....
jen

RUB

Rubel
....
rubl

CHF

Frank
....
frank

CNY

Juan Renminbi
....
juan

INR

Rupia
....
rupie

Bankomat
....
bankomat

Kantor wymiany walut

směnárna

Złoto

zlato

Srebro

stříbro

Olej

olej

Energia

energie

Cena

cena

Umowa

smlouva

Podatek

daň

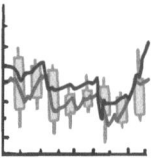

Akcja

akcie

pracować

pracovat

Pracownik umysłowy

zaměstnanec

Pracodawca

zaměstnavatel

Fabryka

továrna

Sklep

obchod

Zawody
povolání

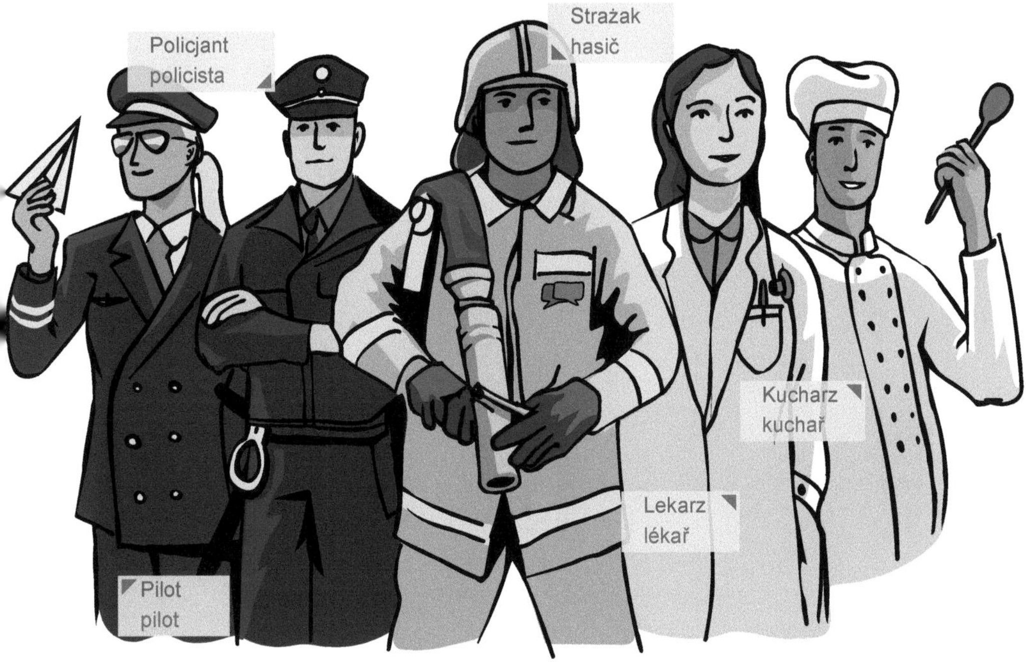
Policjant
policista
Strażak
hasič
Kucharz
kuchař
Lekarz
lékař
Pilot
pilot

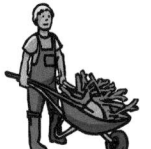

Ogrodnik

zahradník

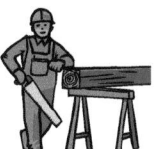

Stolarz

truhlář

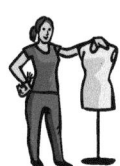

Krawcowa

švadlena

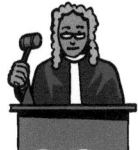

Sędzia

soudce

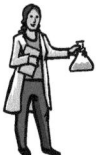

Chemik

chemik

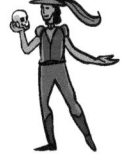

Aktor

herec

Kierowca autobusu

řidič autobusu

Taksówkarz

řidič taxi

Fischer

rybář

Sprzątaczka

uklízečka

Dekarz

pokrývač

Kelner

číšník

Myśliwy

myslivec

Malarz

malíř

Piekarz

pekař

Elektryk

elektrikář

Robotnik budowlany

stavební dělník

Inżynier

inženýr

Rzeźnik

řezník

Instalator

klempíř

Listonosz

listonoš

Zawody - povolání

Żołnierz

vojak

Architekt

architekt

Kasjer

pokladní

Florysta

florista

Fryzjer

kadeřník

Konduktor

průvodčí

Mechanik

mechanik

Kapitan

kapitán

Dentysta

zubař

Naukowiec

vědec

Rabin

rabín

Imam

imám

Mnich

mnich

Proboszcz

duchovní

Narzędzia
nářadí

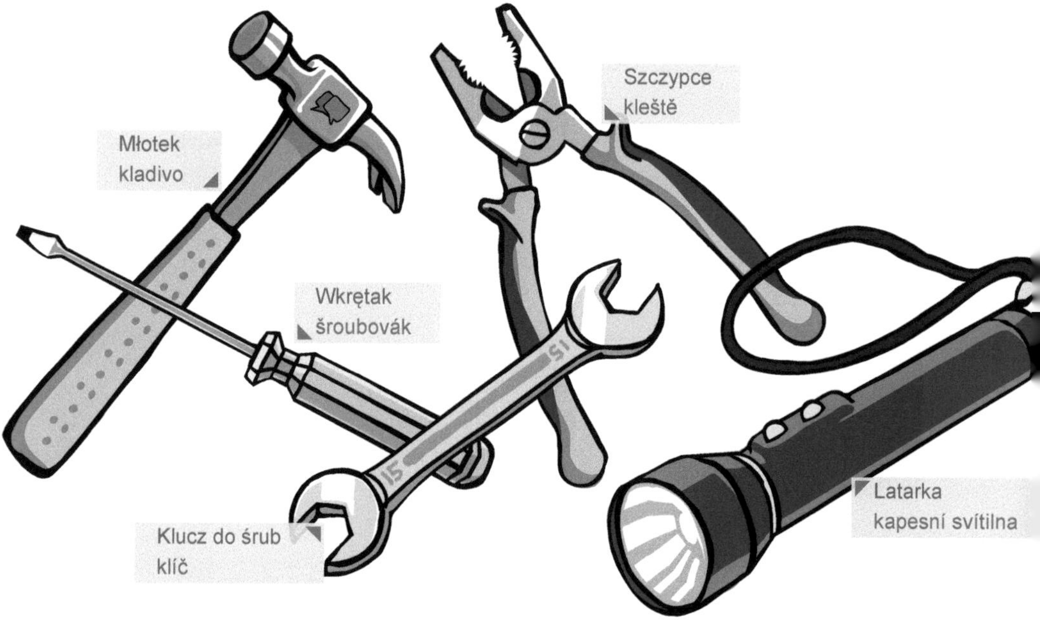
Szczypce
kleště
Młotek
kladivo
Wkrętak
šroubovák
Latarka
kapesní svítilna
Klucz do śrub
klíč

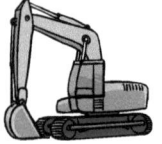

Koparka

bagr

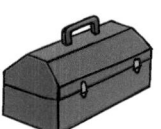

Skrzynka narzędziowa

skříň na nářadí

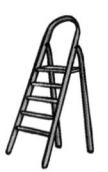

Drabina

žebřík

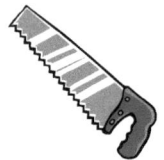

Piła

pila

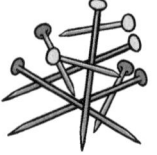

Gwoździe

hřebíky

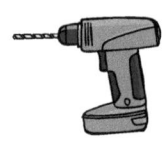

Wiertło

vrtačka

naprawić
....
opravit

Łopatka
....
lopata

Cholera!
....
Kurva!

Szufelka
....
lopatka

Puszka z farbą
....
vědroé na barvu

Śruby
....
šrouby

Instrumenty muzyczne
hudební nástroje

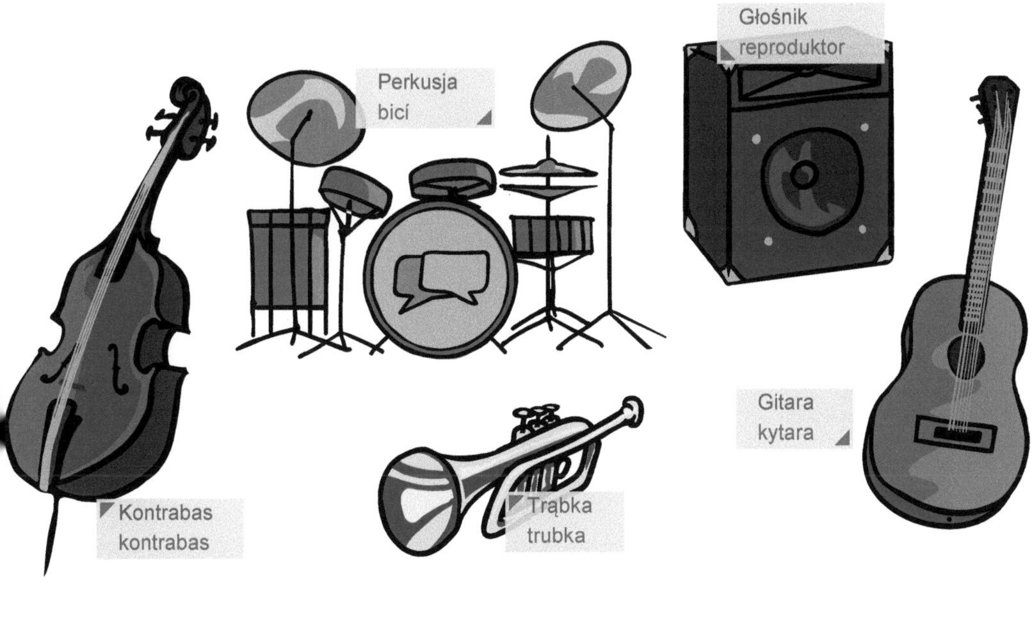

Perkusja
bicí

Głośnik
reproduktor

Kontrabas
kontrabas

Trąbka
trubka

Gitara
kytara

Pianino

klavír

Skrzypce

housle

Bas

basa

Kotły

tympán

Bęben

bubny

Keyboard

keyboard

Saksofon

saxofon

Flet

flétna

Mikrofon

mikrofon

Zoo

zoo

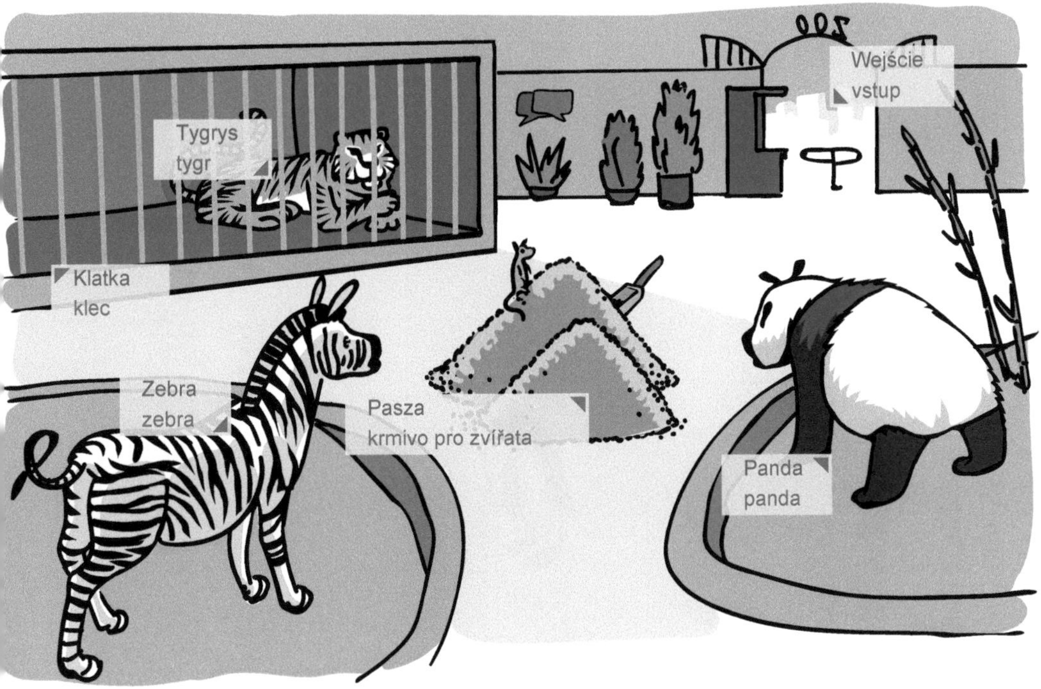

Tygrys
tygr
Klatka
klec
Zebra
zebra
Pasza
krmivo pro zvířata
Wejście
vstup
Panda
panda

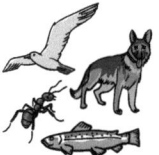

Zwierzęta

zvířata

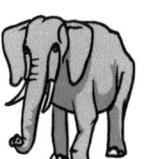

Słoń

slon

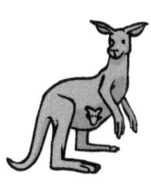

Kangur

klokan

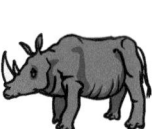

Nosorożec

nosorožec

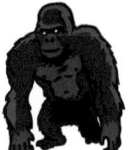

Goryl

gorila

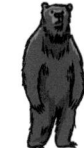

Niedźwiedź

medvěd

Wielbłąd

velbloud

Struś

pštros

Lew

lev

Małpa

opice

Fleming

plameňák

Papuga

papoušek

Niedźwiedź polarny

lední medvěd

Pingwin

tučňák

Rekin

žralok

Paw

páv

Wąż

had

Krokodyl

krokodýl

Dozorca w zoo

ošetřovatel zvířat

Foka

tuleň

Jaguar

jaguár

Kucyk

poník

Gepard

leopard

Hipopotam

hroch

Żyrafa

žirafa

Orzeł

orel

Dzik

divoké prase

Ryba

ryby

Żółw

želva

Mors

mrož

Lis

liška

Gazela

gazela

Futbol amerykański
americký fotbal

Kolarstwo
cyklistika

Tenis
tenis

Koszykówka
košíková

Pływanie
plavání

Boks
box

Hokej na lodzie
lední hokej

Piłka nożna
kopaná

Badminton
badminton

Lekka atletyka
lehká atletika

Piłka ręczna
házená

Narciarstwo
běh na lyžích

Polo
vodní pólo

Działania
aktivity

skakać
skočit
objąć
objímat
śmiać się
smát se
iść
jít
śpiewać
zpívat
marzyć
snít
modlić się
modlit se
całować
políbit

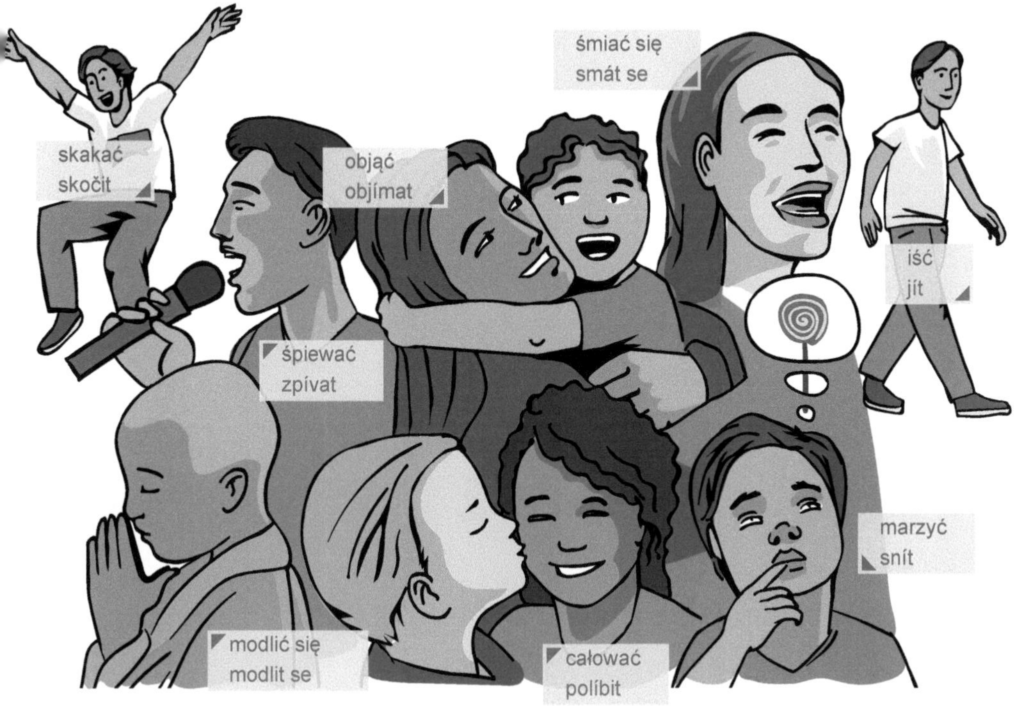

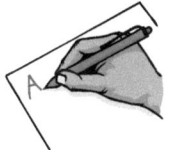

pisać

psát

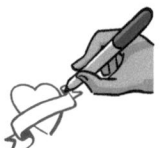

rysować

kreslit

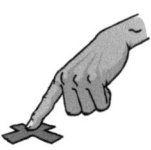

pokazywać

ukazovat

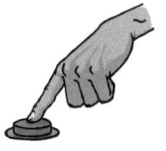

nacisnąć

tlačit

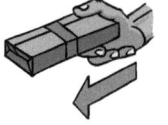

dać

dát

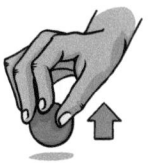

wziąć

vzít si

mieć

mít

robić

dělat

być

být

stać

stát

biegać

běhat

ciągnąć

táhnout

rzucać

hodit

spaść

padat

leżeć

ležet

czekać

čekat

nosić

nosit

siedzieć

sedět

zakładać

oblékat

spać

spát

budzić się

vzbudit se

spojrzeć

prohlédnout si

płakać

plakat

głaskać

pohladit

czesać się

česat

mówić

hovořit

rozumieć

rozumět

pytać

ptát se

słyszeć

slyšet

pić

pít

jeść

jíst

sprzątać

uklidit

kochać

milovat

gotować

vařit

jechać

jet

latać

letět

żeglować

plachtit

liczyć

počítat

czytać

číst

uczyć się

učit se

pracować

pracovat

wejść w związek małżeński

vzít si

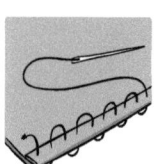

szyć

šít

myć zęby

čistit si zuby

zabić

zabít

palić tytoń

kouřit

wysłać

poslat

Rodzina
rodina

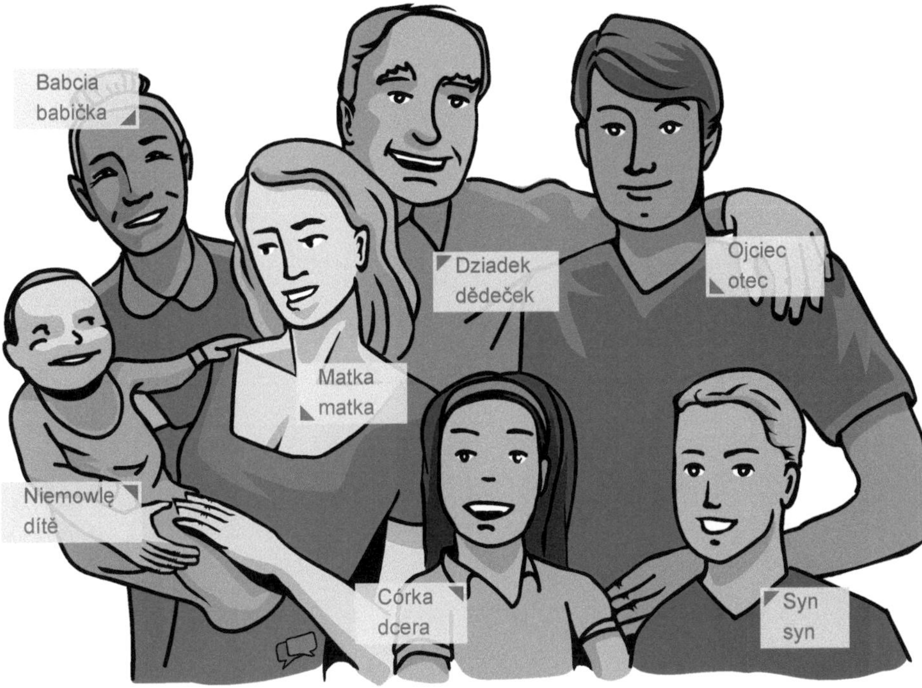
Babcia
babička
Dziadek
dědeček
Ojciec
otec
Matka
matka
Niemowlę
dítě
Córka
dcera
Syn
syn

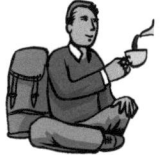

Gość

host

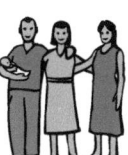

Ciotka

teta

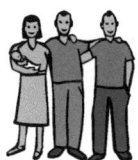

Wujek

strýc

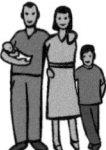

Brat

bratr

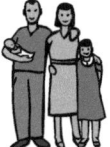

Siostra

sestra

Ciało

tělo

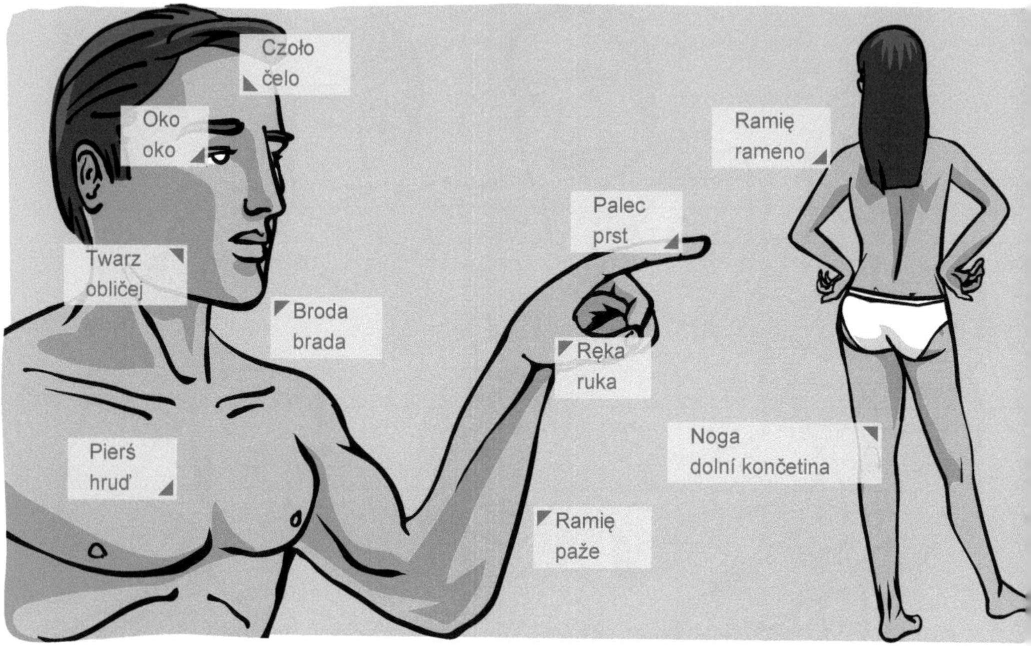

Czoło
čelo

Oko
oko

Ramię
rameno

Palec
prst

Twarz
obličej

Broda
brada

Ręka
ruka

Noga
dolní končetina

Pierś
hruď

Ramię
paže

Niemowlę

dítě

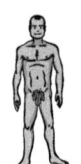

Mężczyzna

muž

Kobieta

žena

Dziewczyna

dívka

Chłopiec

chlapec

Głowa

hlava

Ciało - tělo

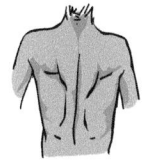

Plecy

záda

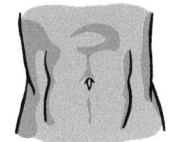

Brzuch

břicho

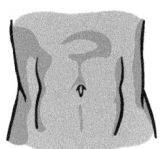

Pępek

pupík

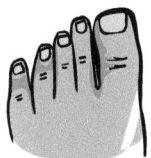

palec nogi

prst na noze

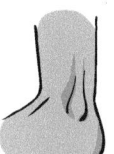

Pięta

pata

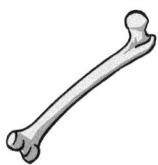

Kość

kost

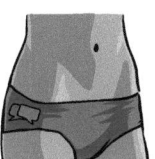

Biodro

bok

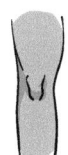

Kolano

koleno

Łokieć

loket

Nos

nos

Pośladki

zadek

Skóra

kůže

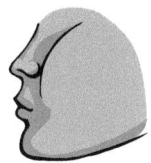

Policzek

tvář

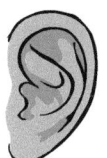

Uszy

ucho

Warga

ret

Usta

ústa

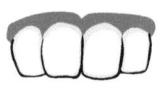

Ząb

zub

Język

jazyk

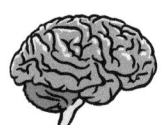

Mózg

mozek

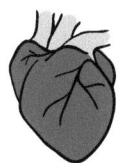

Serce

srdce

Mięsień

sval

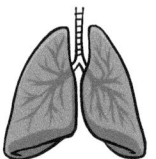

Płuca

plíce

Wątroba

játra

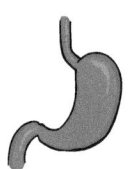

Żołądek

žaludek

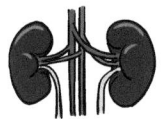

Nerki

ledviny

Stosunek płciowy

pohlavní styk

Kondom

kondom

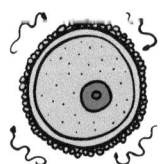

Komórka jajowa

vajíčko

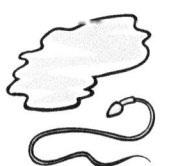

Sperma

sperma

Ciąża

těhotenství

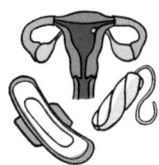

Menstruacja

menstruace

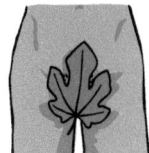

Wagina

vagina

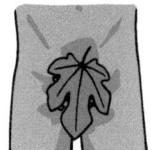

Penis

penis

Brew

oboči

Włosy

vlasy

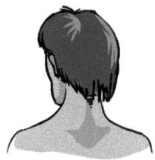

Szyja

krk

Szpital
nemocnice

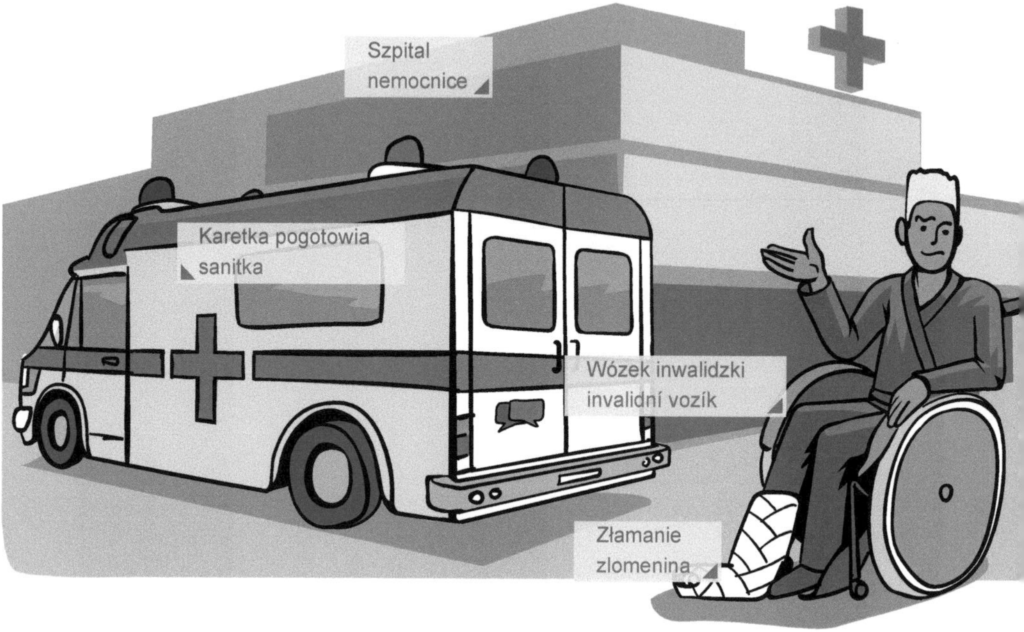

Szpital
nemocnice
Karetka pogotowia
sanitka
Wózek inwalidzki
invalidní vozík
Złamanie
zlomenina

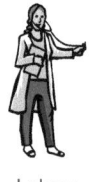

Lekarz
lékař

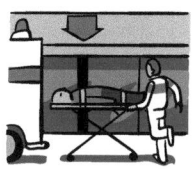

Izba przyjęć
pohotovost

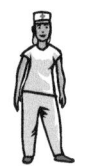

Pielęgniarka
zdravotní sestra

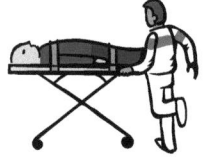

Nagły przypadek
urgentní případ

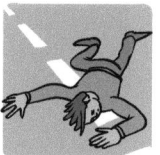

nieprzytomny
v bezvědomí

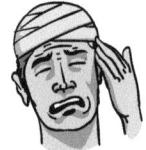

Ból
bolest

Skaleczenie

úraz

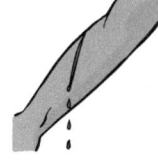

Krwawienie

krvácení

Zawał serca

infarkt myokardu

Udar mózgu

cévní mozková příhoda

Alergia

alergie

Kaszleć

kašel

Gorączka

horečka

Grypa

chřipka

Biegunka

průjem

Ból głowy

bolest hlavy

Rak

rakovina

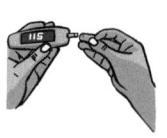

Cukrzyca

cukrovka

Chirurg

chirurg

Skalpel

skalpel

Operacja

operace

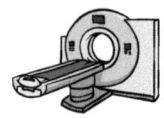

CT
CT

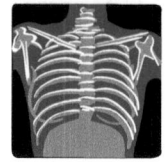

Rentgen
rentgen

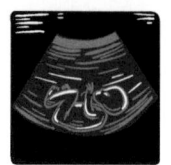

Ultradźwięki
ultrazvuk

Maska
maska

Choroba
nemoc

Poczekalnia
čekárna

Kula
berle

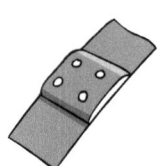

Plaster
náplast

Opatrunek
obvaz

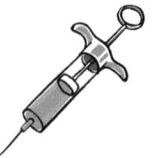

Iniekcja
injekce

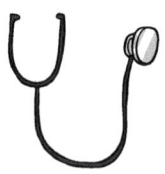

Stetoskop
stetoskop

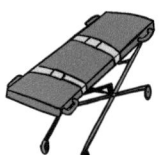

Nosze
nosítka

Termometr
teploměr

Poród
porod

Nadwaga
nadváha

Aparat słuchowy

naslouchátko

Środek dezynfekcyjny

dezinfekční prostředek

Infekcja

infekce

Wirus

virus

HIV / AIDS

HIV / AIDS

Medycyna

lékařství

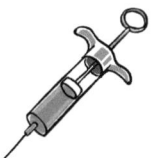

Szczepienie

očkování

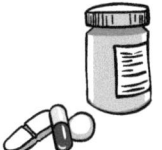

Tabletki

tablety

Pigułka

pilulka

Telefon ratunkowy

tísňové volání

Ciśnieniomierz krwi

tonometr

chory / zdrowy

nemocný / zdravý

Pomocy!

Pomoc!

Alarm

poplach

Napad

přepadení

Atak

napadení

Niebezpieczeństwo

nebezpečí

Wyjście awaryjne

nouzový východ

Pożar!

Hoří!

Gaśnica

hasicí přístroj

Wypadek

nehoda

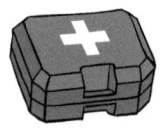

Walizeczka pierwszej pomocy

zdravotnická brašna

SOS

SOS

Policja

policie

Europa

Evropa

Ameryka Północna

Severní Amerika

Ameryka Południowa

Jižní Amerika

Afryka

Afrika

Azja

Asie

Australia

Austrálie

Atlantyk

Atlantik

Pacyfik

Pacifik

Ocean Indyjski

Indický oceán

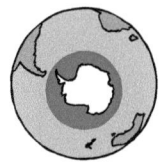

Ocean Antarktyczny

Jižní ledový oceán

Ocean Arktyczny

Severní ledový oceán

Biegun północny

severní pól

Biegun południowy

jiżní pól

Antarktyda

Antarktida

Ziemia

země

Kraj

pevnina

Morze

moře

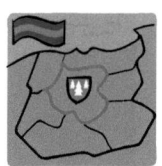

Wyspa

ostrov

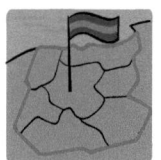

Naród

národ

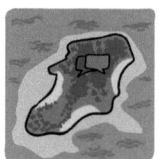

Państwo

stát

Cyferblat

ciferník

Wskazówka godzinowa

hodinová ručička

Wskazówka minutowa

minutová ručička

Wskazówka sekundowa

vteřinová ručička

Która godzina?

Kolik je hodin?

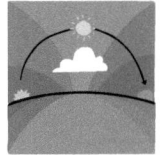

Dzień

den

Czas

čas

teraz

teď

Zegarek digitalny

digitální hodinky

Minuta

minuta

Godzina

hodina

Tydzień
týden

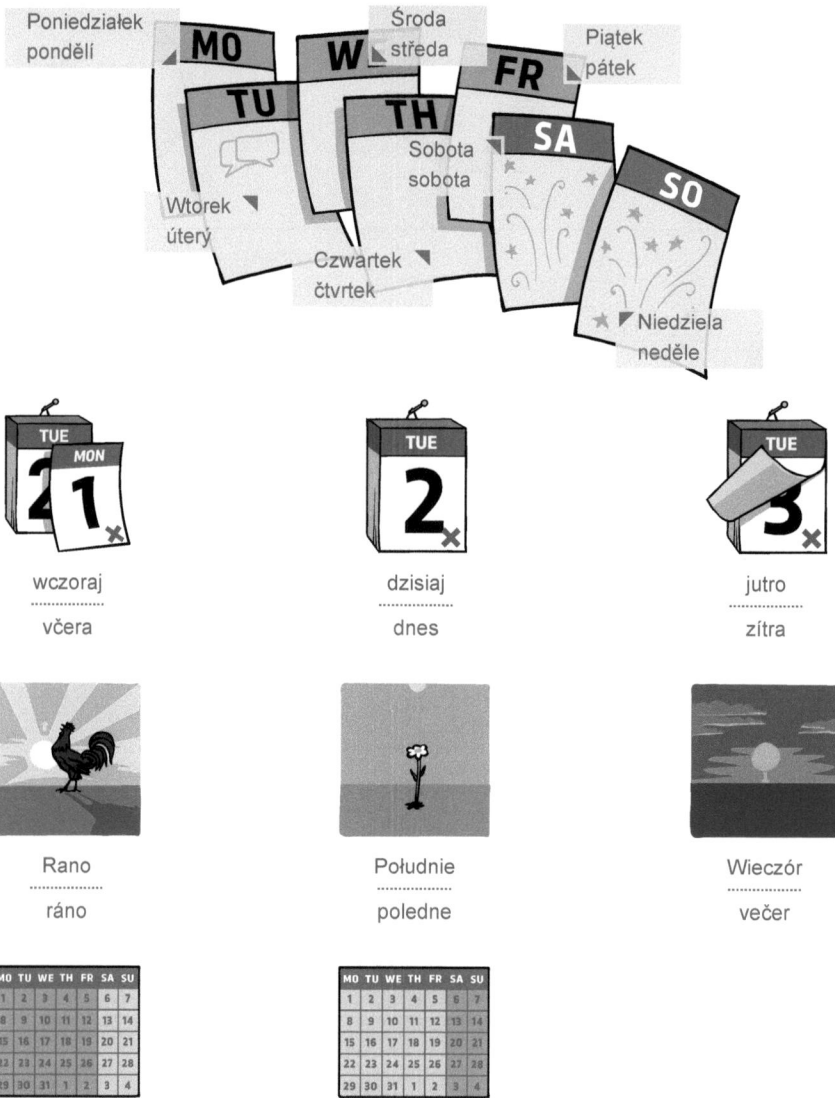

Poniedziałek / pondělí — MO

Wtorek / úterý — TU

Środa / středa — W

Czwartek / čtvrtek — TH

Piątek / pátek — FR

Sobota / sobota — SA

Niedziela / neděle — SO

wczoraj
....
včera

dzisiaj
....
dnes

jutro
....
zítra

Rano
....
ráno

Południe
....
poledne

Wieczór
....
večer

MO	TU	WE	TH	FR	SA	SU
1	2	3	4	5	6	7
8	9	10	11	12	13	14
15	16	17	18	19	20	21
23	23	24	25	26	27	28
29	30	31	1	2	3	4

Dni robocze
....
pracovní dny

MO	TU	WE	TH	FR	SA	SU
1	2	3	4	5	6	7
8	9	10	11	12	13	14
15	16	17	18	19	20	21
22	23	24	25	26	27	28
29	30	31	1	2	3	4

Weekend
....
víkend

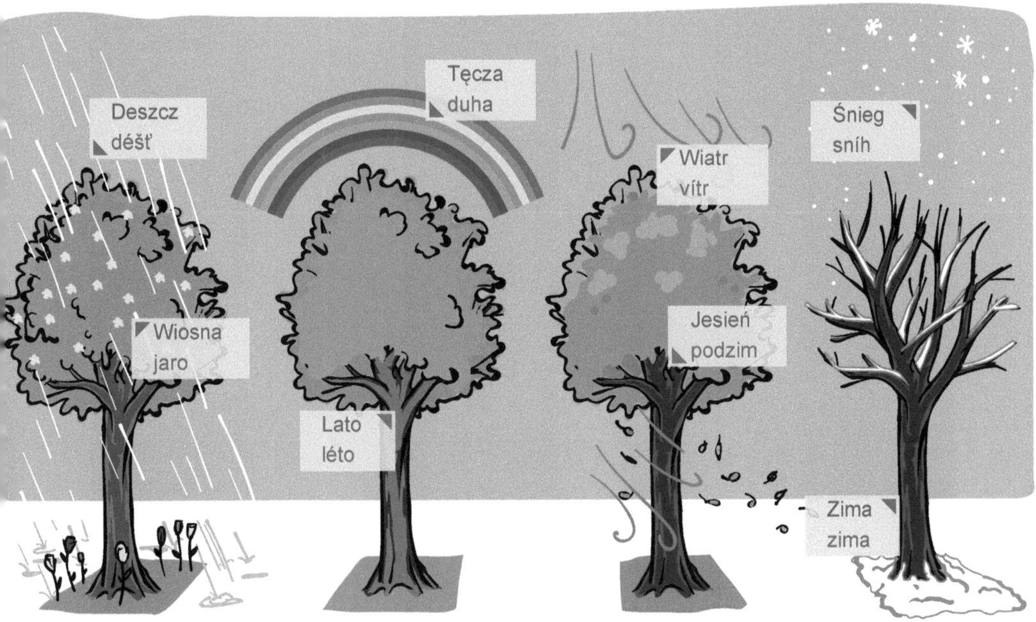

Deszcz
déšť

Tęcza
duha

Wiatr
vítr

Śnieg
sníh

Wiosna
jaro

Lato
léto

Jesień
podzim

Zima
zima

4.APRIL	11°
5.APRIL	4°
6.APRIL	13°
7.APRIL	8°
8.APRIL	10°

Prognoza pogody

předpověď počasí

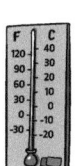

Termometr

teploměr

Światło słoneczne

sluneční svit

Chmura

mrak

Mgła

mlha

Wilgotność powietrza

vlhkost

Błyskawica

blesk

Grzmot

hrom

Sztorm

bouřka

Grad

kroupy

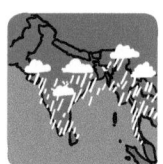

Monsun

monzun

Potop

povodeň

Lód

led

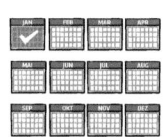

Styczeń

leden

Luty

únor

Marzec

březen

Kwiecień

duben

Maj

květen

Czerwiec

červen

Lipiec

červenec

Sierpień

srpen

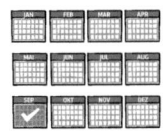

Wrzesień
....
září

Październik
....
říjen

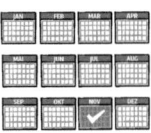

Listopad
....
listopad

Grudzień
....
prosinec

Kształty
tvary

Koło
....
kruh

Kwadrat
....
čtverec

Prostokąt
....
obdélník

Trójkąt
....
trojúhelník

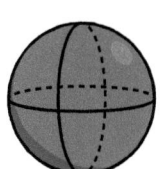

Kula
....
koule

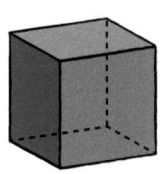

Sześcian
....
krychle

biały

bílá

żółty

žlutá

pomarańczowy

oranžová

różowy

růžová

czerwony

červená

liliowy

fialová

niebieski

modrá

zielony

zelená

brązowy

hnědá

szary

šedá

czarny

černá

dużo / mało

hodně / málo

wściekły / spokojny

rozzuřený / mírumilovný

piękny / brzydki

krásný / ošklivý

początek / koniec

začátek / konec

duży / mały

velký / malý

jasny / ciemny

světlý / tmavý

brat / siostra

bratr / sestra

czysty / brudny

čistý / špinavý

kompletny / niekompletny

úplný / neúplný

dzień / noc

den / noc

umarły / żywy

mrtvý / živý

szeroki / wąski

široký / úzký

jadalny / niejadalny

jedlý / nejedlý

zły / uprzejmy

zlý / hodný

podniecony / znudzony

vzrušený / znuděný

gruby / chudy

tlustý / hubený

najpierw / na końcu

nejdříve / naposledy

przyjaciel / wróg

přítel / nepřítel

pełen / pusty

plný / prázdný

twardy / miękki

tvrdý / měkký

ciężki / lekki

těžký / lehký

głód / pragnienie

hlad / žízeň

chory / zdrowy

nemocný / zdravý

nielegalny / legalny

ilegální / legální

inteligentny / głupi

inteligentní / hloupý

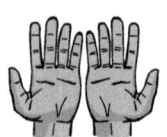

lewo / prawo

vlevo / vpravo

bliski / daleki

blízko / daleko

nowy / używany

nový / použitý

nic / coś

nic / něco

stary / młody

starý / mladý

włącz / wyłącz

zapnutý / vypnutý

otwarty / zamknięty

otevřeno / zavřeno

cichy / głośny

tichý / hlasitý

bogaty / biedny

bohatý / chudý

prawidłowy / błędny

správný / špatný

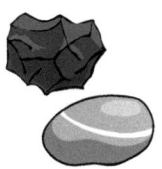

chropowaty / gładki

drsný / hladký

smutny / szczęśliwy

smutný / šťastný

krótki / długi

krátký / dlouhý

powolny / szybki

pomalý / rychlý

mokry/suchy

vlhký / suchý

ciepły / chłodny

teplý / chladný

wojna / pokój

válka / mír

0

zero

nula

1

jeden

jedna

2

dwa

dva

3

trzy

tři

4

cztery

čtyři

5

pięć

pět

6

sześć

šest

7

siedem

sedm

8

osiem

osm

9

dziewięć

devět

10

dziesięć

deset

11

jedenaście

jedenáct

12

dwanaście
dvanáct

13

trzynaście
třináct

14

czternaście
čtrnáct

15

piętnaście
patnáct

16

szesnaście
šestnáct

17

siedemnaście
sedmnáct

18

osiemnaście
osmnáct

19

dziewiętnaście
devatenáct

20

dwadzieścia
dvacet

100

sto
sto

1.000

tysiąc
tisíc

1.000.000

milion
milion

Angielski

anglictina

Angielski amerykański

americká angličtina

Chiński mandaryński

standardní čínština

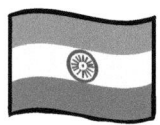

Hindi

hindština

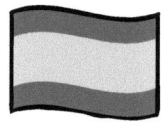

Hiszpański

španělština

Francuski

francouzština

Arabski

arabština

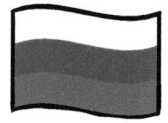

Rosyjski

ruština

Portugalski

portugalština

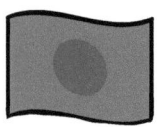

Bengalski

bengálština

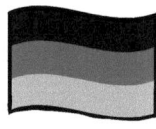

Niemiecki

němčina

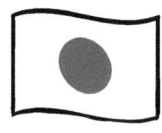

Japoński

japonština

ja
....
já

ty
....
ty

on / ona / ono
....
on / ona / ono

my
....
my

wy
....
vy

oni
....
oni

kto?
....
Kdo?

co?
....
Co?

jak?
....
Jak?

gdzie?
....
Kde?

kiedy?
....
Kdy?

Nazwisko
....
jméno

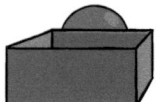

za

za

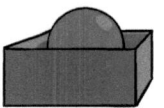

w

do

przed

z

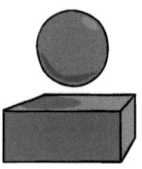

powyżej

nad

na

na

pod

mezi

obok

vedle

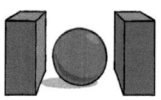

między

mezi

Miejsce

místo